Rudyard Kipling

Das Dschungelbuch

Rudyard Kipling

Das Dschungelbuch

Neu erzählt von Manfred Mai
Mit Bildern von Petra Dorkenwald

Hase und Igel®

Für Lehrkräfte gibt es zu diesem Buch
ausführliches Begleitmaterial beim Hase und Igel Verlag.

Sonderausgabe mit Silbenhilfe

www.hase-und-igel.de
Lektorat: Mira Fischer
Satz: Appel Grafik München GmbH
Druck: Grafisches Centrum Cuno GmbH & Co. KG

ISBN 978-3-86760-263-1
2. Auflage 2020

Inhalt

1. Moglis Brüder

Nach einem heißen Sommertag senkte sich die Nacht über den indischen Dschungel. Die Wolfsfamilie lag in ihrer Höhle und schlief noch. Draußen stieg der Mond langsam am Himmel hoch und schien zu ihnen hinein. Da erwachten die Wölfe.

Mutter Wolf leckte die vier winselnden Jungen ab. Vater Wolf gähnte, reckte und streckte sich. „Es ist Zeit, auf die Jagd zu gehen", brummte er und wollte gerade lostraben. Da bemerkte er ein Tier vor dem Höhleneingang.

„Guten Abend, Herr der Wölfe, das Glück sei mit dir und deinen prächtigen Kindern." So sprach Tabaki, der Schakal. Die Wölfe verachteten ihn, weil er nicht selbst auf die Jagd ging, sondern Reste und Abfälle fraß. Auch redete er schlecht über andere Tiere, was oft zu Streit führte.

„Was willst du?", fragte der Wolf. „Hier gibt's nichts zu fressen für dich."

„Ihr habt doch bestimmt ein paar Knochen für einen armen Schakal", antwortete Tabaki und lief in die Höhle. Dort entdeckte er tatsächlich einen Knochen mit etwas Fleisch dran und nagte an ihm. Dann hob er den Kopf und sagte boshaft: „Besten Dank für das köstliche Mahl. Dafür verrate ich euch eine Neuigkeit: Mein Freund, der Tiger Shir Khan, will demnächst hier jagen. Das hat er mir selbst erzählt."

„Dazu hat er kein Recht!", rief Vater Wolf wütend. „Nach dem Gesetz des Dschungels darf er sein Jagdrevier nicht einfach wechseln. Er würde uns ja das ganze Wild vertreiben."

„Shir Khan kann doch gar nicht richtig jagen, weil er auf einem Bein lahmt", warf Mutter Wolf ein. „Deswegen tötet er die wehrlosen Herdentiere der Menschen. Wenn er hierherkommt, werden die Menschen den Dschungel ausräuchern, um ihn fortzujagen. Dann müssen wir mit unseren Jungen auch flüchten. Vielen Dank, großer Shir Khan!" Sie lachte, doch es klang bitter.

„Soll ich ihm euren Dank überbringen?", fragte Tabaki hinterlistig.

„Verschwinde!", schnauzte Vater Wolf.

„Ich gehe", sagte Tabaki grinsend. Vor der Höhle blieb er stehen und wandte sich um. „Wenn ihr die Ohren spitzt, könnt ihr ihn schon hören. Die Botschaft hätte ich mir sparen können."

„So ein Dummkopf!“, knurrte Vater Wolf. „Wer so einen Lärm macht, wird nichts fangen, aber uns das ganze Wild verscheuchen.“

„Sei mal still!“, flüsterte Mutter Wolf und stellte die Ohren auf. „Da kommt doch etwas den Hügel herauf.“

Kaum hatte sie das ausgesprochen, raschelte es im Gebüsch vor der Höhle. Vater Wolf duckte sich zum Sprung – dann hielt er inne und traute seinen Augen kaum. „Es ist … ein Mensch … ein Menschenjunges“, stammelte er verwirrt.

Vor ihm stand auf wackligen Beinen ein Junge und hielt sich an einem Zweig fest.

„Ich habe noch nie ein Menschenjunges gesehen“, sagte Mutter Wolf. „Bring es her!“

Ganz vorsichtig nahm Vater Wolf das Kind ins Maul und trug es zu den jungen Wölfen.

„Wie klein es ist und wie nackt“, sagte Mutter Wolf staunend. „Es hat ja gar kein Fell.“

Die Wolfsjungen beschnupperten das Kind und leckten es ab. Schnell krabbelte es zwischen ihnen hindurch und kuschelte sich ganz eng an Mutter Wolf.

„Es hat überhaupt keine Angst“, flüsterte sie. „Bei uns scheint es ihm zu gefallen. Wir werden es behalten.“

Bevor Vater Wolf etwas dazu sagen konnte, hörte er draußen Tabakis Stimme: „Hier, mein Gebieter – hierher ist es gelaufen.“

Sekunden später erschien Shir Khans Kopf im schmalen Höhleneingang. Sein mächtiger Körper passte nicht hindurch.

„Dein Besuch ist eine große Ehre“, sagte Vater Wolf ruhig, doch seine Augen funkelten vor Zorn. „Was führt dich zu uns?“

„Meine Beute!“, knurrte der Tiger. „Ein Menschlein ist hierhergeflüchtet. Gib es heraus! Es gehört mir!“

„Wir Wölfe sind ein freies Volk“, erwiderte Vater Wolf. „Du hast mir gar nichts zu befehlen.“

Shir Khan brüllte, dass die Höhlenwände bebten. Da sprang Mutter Wolf auf und rief: „Du kannst brüllen, solange du willst, das Menschenjunge bekommst du nicht! Es gehört uns und es soll leben. Wir werden es mit unseren Jungen großziehen und ihm auch das Jagen beibringen. Dann wird es eines Tages *dich* jagen und dir das Fell über die Ohren ziehen, das verspreche ich dir. Und nun verschwinde!“

Fauchend und knurrend zog der Tiger den Kopf aus dem Höhleneingang. „Da drin kannst du leicht so groß reden. Aber warte nur, was das Rudel dazu sagt, dass ihr Menschenbrut aufziehen wollt. Das Kleine steht mir zu und ich werde es

schon noch zwischen meine Zähne bekommen.“ Mit diesen Worten hinkte er davon.

Mutter Wolf legte sich wieder zu ihren Kindern.

Vater Wolf schaute sie nachdenklich an. „Shir Khan hat recht, das Menschenjunge muss dem Rudel gezeigt werden – wenn du es wirklich behalten willst.“

„Natürlich will ich das!“, sagte sie. „Sieh doch, wie es daliegt, wie ein kleiner Frosch. Es braucht unsere Hilfe.“ Sie überlegte kurz. „Ich werde es Mogli, den Frosch, nennen. Der Name passt zu ihm. Und Mogli gehört nun zu uns.“

2. Vor dem Rat der Wölfe

In jeder Vollmondnacht versammelten sich die Wölfe am Ratsfelsen. Alle Eltern mussten ihre Jungen mitbringen und dem Rudel vorstellen, sobald sie laufen konnten.

Auch Vater Wolf machte sich mit seiner Familie eines Nachts auf den Weg. Wie immer lag der Leitwolf Akela auf einem Felsvorsprung und schaute auf die etwa vierzig Wölfe unter ihm. „Ihr kennt das Gesetz und wisst alle, warum wir hier sind“, begann er. „Schaut euch die Jungen genau an! Sie gehören jetzt zu unserem Rudel. Ihr dürft keinem von ihnen etwas zuleide tun, ja mehr noch: Ihr müsst auf sie achtgeben und sie beschützen.“

Nach und nach schoben die Eltern ihre Jungen ins Mondlicht, damit die Wölfe sie gut sehen konnten. Zuletzt war Mogli dran. Er spielte mit kleinen Steinen und babbelte fröhlich vor sich hin.

Plötzlich war ein dumpfes Gebrüll zu hören und Shir Khan erschien. „Das Junge gehört mir! Wozu braucht das freie Volk der Wölfe schon ein Menschenjunges? Gebt es heraus!“

Akela blieb ganz ruhig und sagte nur: „Du bist keiner von uns und ein Fremder hat dem freien Volk der Wölfe nichts zu befehlen."

Im Rudel wurde geknurrt und gemurrt. Dabei war herauszuhören, dass einige Wölfe so dachten wie Shir Khan.

„Hört mich an!", rief Akela und hob die Pfote. „Es kommt vor, dass wir uns nicht einig sind, ob ein Junges ins Rudel aufgenommen werden soll

oder nicht. Ihr wisst, was dann gilt: Nur wenn mindestens zwei von euch für das Junge sprechen, wird es aufgenommen. Aber die Eltern haben dabei keine Stimme. Also, spricht jemand für Mogli?"

Keiner meldete sich und Mutter Wolf rechnete schon mit dem Schlimmsten.

Da stellte sich der Braunbär Balu auf die Hinterbeine. Er durfte an der Ratsversammlung teilnehmen, weil er ein Freund der Wölfe war und ihre Jungen die Gesetze des Dschungels lehrte. „Ich spreche für das Menschenjunge“, brummte er. „Es kann uns keinen Schaden zufügen, also nehmt es ins Rudel auf. Und wenn ihr wollt, werde ich es unterrichten so wie eure Jungen.“

„Balus Stimme zählt“, sagte Akela. „Gibt es noch jemanden, der für Mogli spricht?“

Die Wölfe schwiegen.

„Wenn niemand …“

In diesem Augenblick sprang ein dunkler Schatten in den Kreis der Wölfe. Es war Baghira, der schwarze Panther. Alle hatten großen Respekt vor ihm und gingen ihm wenn möglich aus dem Weg. Denn er war stark, mutig und listig.

„Ich weiß, dass ich keine Stimme in eurer Versammlung habe“, begann er. „Aber nach dem Gesetz des Dschungels kann jeder das Leben eines Jungen retten, wenn er einen angemessenen Preis bezahlt. Habe ich recht?“

„Er hat recht!“, riefen die Wölfe.

„Welchen Preis willst du zahlen?“, fragte Akela.

„Ich habe einen fetten Ochsen getötet“, antwortete Baghira. „Er liegt nicht weit von hier und

gehört euch, wenn ihr das Menschenjunge in euer Rudel aufnehmt."

Sofort redeten die Wölfe durcheinander: „Warum sollten wir nicht?" – „Was kann es schaden?“ – „Wahrscheinlich überlebt es sowieso nicht lange.“ – „Soll es doch mit dem Rudel laufen!“ – „Ein Ochse ist ein guter Preis.“

Die hungrigen Wölfe stimmten alle für Moglis Aufnahme ins Rudel. Dann liefen sie den Hügel hinab und machten sich über den Ochsen her. Nur Akela, Baghira, Balu und Mogli mit seiner Familie blieben zurück.

„Gut gemacht“, wandte sich Akela an Balu und Baghira. „Menschen und ihre Jungen sind sehr klug. Vielleicht wird uns der Kleine eines Tages eine große Hilfe sein.“

So waren alle zufrieden – bis auf Shir Khan. Sein Wutgebrüll erfüllte die Nacht, denn er war sehr zornig, dass man ihm Mogli nicht ausgeliefert hatte.

3. Mogli lernt fleißig

Moglis Wolfseltern freuten sich sehr, dass der kleine Junge bei ihnen bleiben durfte. So wuchs er unter Wölfen und all den anderen Dschungeltieren auf. Seine Eltern lehrten ihn, die Bedeutung der zahllosen Geräusche und Bewegungen im Dschungel zu verstehen: das leise Rascheln im Gras, einen warmen Hauch in der Nachtluft, das Kratzen der Fledermäuse an Ästen, den Ruf einer Eule, das klatschende Springen von Fischen im Wasser und noch vieles mehr.

Vater Wolf brachte ihm auch das Jagen bei: „Wenn du dich anschleichst, darf kein Ast brechen und kein Halm knicken. Du musst so leise sein, dass dich niemand hört.“ Dann schlich er voran und Mogli folgte ihm auf allen vieren. Das übten die beiden, bis Mogli es so lautlos konnte wie Grauer Bruder, der geschickteste junge Wolf.

Nicht nur von seinen Eltern, auch von Balu lernte Mogli viel. Weil er gern und schneller lernte als seine Brüder, wurde er klüger als sie. Bald verstand er nicht nur die Sprache der Wölfe, sondern auch die der anderen Tiere.

Aber Mogli wollte natürlich nicht immer lernen. Manchmal legte er sich lieber in die Sonne und schlief. Wenn es ihm zu warm wurde, sprang er in einen Teich, um sich abzukühlen und zu trinken. Oder er ritt auf Baghira durch den Dschungel. Das gefiel ihm besonders gut. Der schwarze Panther brachte Mogli das Klettern bei. Dazu sprang er zuerst selbst einen Baum hinauf, als sei das kinderleicht. Oben legte er sich bequem auf einen Ast und rief: „Komm herauf zu mir, kleiner Bruder!“

Doch für Mogli war das viel schwieriger als für den geübten Kletterer Baghira. Nur mühsam schaffte er es auf den Baum und klammerte sich oben wie ein Faultier an einen Ast. Baghira lobte ihn trotzdem und erklärte ihm, wie er seine Hände und Füße benutzen musste, um leichter und sicherer auf Bäume zu kommen. Und es dauerte nicht lange, bis sich Mogli fast so geschickt durch die Baumkronen schwang wie ein Affe.

Weil Mogli immer öfter allein durch den Dschungel streifte, lehrte ihn der weise Balu die Gesetze des Waldes und des Wassers: „Du darfst die anderen Tiere nicht in ihrer Ruhe oder gar beim Schlafen stören. Sonst könnten sie sich bedroht fühlen und über dich herfallen. Wenn du in einem Teich schwimmen willst, musst du erst prüfen, ob es darin giftige Wasserschlangen gibt. Dazu nimmst du einen Stock und stocherst damit im Wasser herum."

Mogli nickte und hörte Balu zu. So erfuhr er nach und nach alles, was er wissen musste. Auch, dass er in einem fremden Revier nicht einfach jagen durfte. Balu brachte ihm den dafür notwendigen Jagdruf bei: „Ich habe Hunger, lasst mich hier jagen!“ Erst durch folgende Antwort erhielt er die Erlaubnis: „Dann stille deinen Hunger, aber jage nicht aus purer Lust!“

Balu war ein gutmütiger, aber auch ein sehr strenger Lehrer. Wenn Mogli mal nicht bei der Sache war oder einen Merksatz nicht auswendig wiederholen konnte, bekam er einen Klaps.

„Du bist zu streng mit ihm“, schimpfte Baghira eines Tages. „Bedenke doch, wie klein er noch ist! Wie soll sein kleiner Kopf das alles behalten?“

„Klein?“, erwiderte Balu unwirsch. „Ist er etwa zu klein, um getötet zu werden? Nein, das ist er nicht. Deshalb lehre ich ihn das alles und gebe ihm einen sanften Klaps, wenn er etwas vergisst.“

„Du und sanft!“, grollte Baghira. „Was verstehst du denn von Sanftheit, du alter Eisenfuß! Mogli ist schon grün und blau von deinen sanften Klapsen!“

„Besser jetzt ein paar blaue Flecken haben, als durch Unwissenheit zu Schaden kommen!“, sagte Balu ernst. „Zurzeit bringe ich ihm die Meisterworte des Dschungels bei. Wenn er sich die merkt, kann er bei allen Tieren um Hilfe und Schutz bitten. Sag selbst, ist das nicht ein paar Klapse wert?“

„Na gut, aber pass trotzdem auf, dass du das Menschenjunge nicht gleich erschlägst“, knurrte Baghira. „Übrigens, wie lauten denn diese vortrefflichen Meisterworte?“

„Ich werde Mogli rufen, er soll sie dir aufsagen“, antwortete Balu. „Dann kann ich gleich prüfen, ob er sie auch nicht vergessen hat.“ Er wandte sich um und rief: „He, kleiner Bruder! Komm doch mal her!“

„Ich will nicht schon wieder lernen!“, kam die mürrische Antwort von oben. „In meinem Kopf brummt es wie in einem Bienenstock.“

„Du sollst …“

In diesem Augenblick ließ sich Mogli vom untersten Ast des Baumes fallen. „Ich komme nur Baghira zuliebe und nicht deinetwegen, alter, fetter Balu!“

„Warum du kommst, ist mir egal“, erwiderte Balu, obwohl er sich gekränkt fühlte. „Sag Baghira die Meisterworte, die ich dir beigebracht habe!“

„Du und ich, ich und du, wir sind vom gleichen Blute“, murmelte Mogli in der Bärensprache.

„Gut“, lobte Balu und ließ Mogli die Meisterworte auch in den Sprachen der anderen Tiere aufsagen. Der Bär brummte zufrieden. „Eines Tages wirst du mir dafür dankbar sein, mein kleiner Bruder!“

„Aber jetzt will ich nichts mehr davon wissen!“, rief Mogli, sprang auf Baghiras Rücken und schnitt Balu Grimassen.

4. Die Affen kommen

Als es Zeit für ein Mittagsschläfchen war, suchten Balu, Baghira und Mogli ein schattiges Plätzchen. Sie bemerkten nicht, dass ihnen hoch oben in den Bäumen etliche Affen heimlich folgten.

Unter einem dicht belaubten Baum legten sich der Bär und der Panther nieder. Mogli nahmen sie in ihre Mitte. Und es dauerte nicht lange, bis alle drei eingeschlafen waren.

Mitten im schönsten Schlaf spürte Mogli, wie kleine, kräftige Hände ihn an Armen und Beinen packten und nach oben zogen. Zuerst glaubte er zu träumen, aber dann fuhren ihm Zweige ins Gesicht und rissen ihn aus dem Schlaf. Erschrocken starrte er um sich und sah mehrere Affen. „Ihr und ich, ich und ihr, wir sind vom gleichen Blute!“, rief er in der Affensprache.

Doch das kümmerte die Affen nicht.

Da schrie Mogli: „Hilfe! Hilfe!“

Sofort waren Balu und Baghira hellwach. Der Bär weckte den Dschungel mit lautem Gebrüll, während der Panther mit gefletschten Zähnen am Stamm hochsprang. Doch die Affen waren schon in den Baumkronen, wohin Baghira ihnen nicht zu folgen wagte. Kreischend und jauchzend stürmten sie mit Mogli davon, als hätten sie regelrechte Straßen dort oben.

Obwohl ihm leicht schwindlig wurde und er Angst hatte, die Affen könnten ihn fallen lassen, machte Mogli die rasante Jagd durch die Baumwipfel auch Spaß. So etwas hatte er noch nie erlebt. Doch je länger diese Jagd dauerte, desto klarer wurde Mogli, dass Baghira ihm nicht folgen konnte. Und der behäbige Balu schon gar nicht.

Also musste er ihnen eine Nachricht zukommen lassen, damit sie wussten, wo er war. Aber wie?

Während er noch überlegte, entdeckte er Tschil, den Geier, der über den Bäumen kreiste und nach Beute Ausschau hielt. Sofort rief Mogli in der Vogelsprache: „Du und ich, ich und du, wir sind vom gleichen Blute! Folge bitte den Affen und merk dir den Weg. Dann sag Baghira und Balu, wo ich bin!“

„Und von wem kommt die Botschaft, Bruder?“, fragte Tschil, der zwar schon von Mogli gehört, ihn aber noch nie gesehen hatte.

„Ich bin Mogli, das Menschenjunge!“

„Gut, Mogli!“, krächzte Tschil, stieg höher und ließ die Affenbande nicht aus den Augen.

Währenddessen liefen Baghira und Balu durch den Dschungel und suchten verzweifelt nach Mogli.

„Warum hast du ihn nicht vor den Affen gewarnt?“, brüllte Baghira. „Statt ihn grün und blau zu prügeln, hättest du ihn warnen sollen!“

„Schimpfe nur mit mir“, brummte Balu kleinlaut. „Du hast ja recht. Ich bin der elendeste aller Bären und schuld, wenn Mogli etwas passiert.“ Er schlug sich die Tatzen gegen die Ohren und warf sich jammernd auf den Boden.

„Hör auf damit, Balu! Hast du denn alle Selbstachtung verloren?“, knurrte der Panther. „Dein Jammern hilft uns nicht weiter. Die Frage ist, was wir jetzt tun sollen.“ Wütend fauchte er nach oben. „Das Schlimme ist, dass ihn ausgerechnet die Affen in ihrer Gewalt haben. Denen kann da oben niemand etwas anhaben.“

„Doch!“, rief Balu und richtete sich ruckartig auf. „Was bin ich nur für ein Narr, dass ich nicht gleich daran gedacht habe! Ein fetter, brauner, wurzelfressender Narr bin ich!“

Baghira schaute ihn verständnislos an.

„Das Affenvolk fürchtet sich vor Kaa, der Pythonschlange“, sagte Balu aufgeregt. „Sie klettert so gut wie die Affen und holt sich nachts ihre Jungen. Wir gehen zu ihr und bitten sie um Hilfe!“

„Warum sollte Kaa uns helfen?“, fragte der Panther. „Das beinlose Wesen gehört nicht zu uns und den bösen Blick hat sie auch.“

„Wir müssen es nur recht geschickt anstellen“, erwiderte der Bär. „Los, komm schon!“

Weil Baghira keine bessere Idee hatte, machte er sich mit Balu auf die Suche nach Kaa.

Sie fanden die Schlange auf einer warmen Felsplatte in der Nachmittagssonne.

„Gute Jagd, liebe Kaa!“, rief Balu aus sicherer Entfernung zur Begrüßung.

„Sssss!“, zischte sie und hob den Kopf. „Balu und Baghira?“, fragte sie erstaunt. „Gute Jagd unsss allen. Aber sagt mir, wasssss führt euch hierher?“

„Wir sind auf der Jagd!“, antwortete Balu.

„Soso. Habt ihr etwasss dagegen, dasssss ich mit euch komme?“

„Aber nein“, sagte Balu. „Das würde uns sogar freuen.“

„Wisssssst ihr“, zischelte Kaa, „ich habe schon lange nichtssss mehr gefangen. Und alsssss ich letztensss einen jungen Affen packen wollte, da krachte der Asssst und ich wäre beinahe abgestürzt. Da hat dassss Affengesindel mich ausssssgelacht und beschimpft.“

„Ich habe gehört, sie hätten dich einen fußlosen gelben Regenwurm genannt“, schnurrte Baghira. „Sie erzählen auch, du hättest keine Zähne mehr und würdest dich nur noch an wehrlose Zicklein heranwagen …“

„Das werden sie büüüßßßßßen!“, zischte Kaa.

„Weißt du denn, wo sie sind?“, fragte Balu.

„Alsss ich mich heute in die Sonne legte, hörte ich sie in den Baumwipfeln lärmen.“ Kaa stockte. „Aber warum interesssssssieren sich zwei so großßßßße Jäger für die nichtsssssnutzigen Affen?“

„Weil diese Nussdiebe und Taugenichtse unser Menschenjunges gestohlen haben, von dem du vielleicht schon gehört hast“, antwortete Baghira.

Kaa nickte. „Ja, ich habe davon gehört, konnte essss aber nicht glauben, weil …“

„Es ist wahr“, fiel ihr Balu ins Wort. „So ein prächtiges Menschenjunges wie unseren Mogli hat es noch nie gegeben. Er ist mein eigener Schüler und ich liebe ihn – wir lieben ihn.“

„Tss! Tss!“, machte Kaa und wiegte den Kopf hin und her. „Auch ich habe erlebt, wassss Liebe issst, und könnte euch Geschichten erzählen …“

„Ein andermal“, sagte Baghira schnell. „Wenn wir alle satt sind. Jetzt müssen wir zuerst die Affen und unseren Mogli finden.“

„Du hasssssst recht, esss wird Zeit, dasssss wir diesem Affengesindel einen Denkzettel verpassssen“, zischelte Kaa.

In diesem Augenblick hörten die drei über sich jemanden rufen. „He! Hallo! Hier oben bin ich!“

Sie schauten hoch und entdeckten Tschil, den Geier.

„Was willst du?“, fragte Balu.

„Ich habe Mogli bei den Affen gesehen. Er sprach die Meisterworte und bat mich, euch zu suchen und zu sagen, wo er ist.“

„Und wo ist er?“, rief Baghira ungeduldig.

„Sie haben ihn über den Fluss in die Kalte Stadt gebracht“, antwortete Tschil.

Sie bedankten sich bei Tschil und machten sich sofort auf den Weg.

5. Die Kalte Stadt

Vor langer Zeit hatte irgendein König die Stadt auf einem Hügel erbauen lassen. Man konnte noch die mit Steinen gepflasterten Straßen erkennen, die zu den zerfallenen Toren führten, wo letzte Splitter morschen Holzes in rostigen Angeln hingen. Den Hügel krönte ein weiträumiger Palast ohne Dach. Von dort aus blickte man auf lange Reihen eingestürzter Häuser.

Mogli hatte noch nie zuvor eine Stadt gesehen und obwohl sie in Trümmern lag, schien sie ihm herrlich und wunderbar.

Die Affen liefen wie von Sinnen durch die Ruinen, kreischten, balgten sich, plärrten törichte Lieder und tanzten um Mogli herum. Doch der war müde und hatte Hunger. „Bringt mir etwas zu essen oder erlaubt mir, dass ich hier jage."

Schnell sprangen etwa zwanzig Affen davon, um Nüsse und Früchte zu holen. Aber unterwegs gerieten sie in Streit und kamen schließlich mit leeren Händen zurück.

Wütend machte sich Mogli auf die Suche nach etwas Essbarem. Doch als er die Stadtmauer erreichte, fingen ihn die Affen wieder ein und zerrten ihn zurück auf den Marktplatz. Dort sprangen sie um ihn herum und riefen: „Warum willst du weg von uns? Wir sind frei! Wir sind das herrlichste Volk im ganzen Dschungel! Du solltest froh und dankbar sein, dass du bei uns bist."

Mogli war nicht froh und schon gar nicht dankbar. Er wollte weg von diesen Affen, die er alle für verrückt hielt. Er hoffte, dass seine Freunde ihn bald finden und befreien würden.

Das Menschenkind ahnte so wenig wie die Affen, dass Baghira und Kaa schon im Graben vor der Stadtmauer lagen und alles beobachteten.

Kaa wollte gleich angreifen, Baghira zögerte noch und wollte lieber auf Balu warten, der unterwegs zurückgeblieben war.

„Wer weißßßß, wie lange esss dauert, bisss der alte Bär hier issst, und wassss die Affenbande bisss dahin mit dem Menschenjungen macht", sagte Kaa. „Ich werde mich zur Wessstmauer aufmachen. Von da kann ich rasch den Hang hinuntergleiten und leicht über sie herfallen."

„Also gut“, flüsterte Baghira. „Sobald die Wolke den Mond völlig verdeckt, greifen wir an.“

„Gute Jagd!“, wünschte Kaa und glitt davon.

Da sprang der Panther zwischen die Affen und schlug mit seinen Tatzen um sich.

Zuerst schrien sie vor Angst und stürmten laut kreischend auseinander. Doch plötzlich ertönte eine Stimme: „Es ist nur einer! Tötet ihn!“

Augenblicklich drehten die Affen um und fielen beißend, kratzend, zerrend über Baghira her. Fünf oder sechs packten Mogli und stießen ihn in einen zerfallenen Turm.

„Hier bleibst du, bis wir deinen Freund getötet haben!“, brüllten die Affen. „Später spielen wir wieder mit dir – falls das giftige Volk dich am Leben lässt!“

Schon hörte Mogli es rascheln und zischen. „Ihr und ich, ich und ihr, wir sind vom gleichen Blute! Sssss!“, zischte er schnell den Schlangenruf.

„Dann steh still, Bruder, damit du unssss nicht verletzt!“, kam die Antwort der Kobras.

Mogli rührte sich nicht vom Fleck, lauschte nach draußen und hatte Angst um Baghira, der um sein Leben kämpfte.

Wo Balu nur steckt?, fragte er sich besorgt. Baghira ist doch bestimmt nicht allein gekommen. Warum …?

Mitten in diese Gedanken hinein erklang Balus dröhnender Kampfruf: „Baghira! Halte aus! Ich bin hier! Wartet nur, ihr dreimal verfluchten Affen! Gleich werdet ihr mich kennenlernen!“

Kaum hatte sich Balu gezeigt, wurde er von einer Affenmeute umringt. Der Bär stellte sich auf die Hinterbeine und ließ seine Pranken wie die Flügel einer Windmühle kreisen. Patsch! Patsch! Patsch!, machte es und die Affen flogen nur so durch die Gegend.

Kaa hatte inzwischen die Westmauer erreicht, glitt von dort herunter und griff endlich in den Kampf ein. Als die Affen sie erblickten, jagten sie auseinander und kreischten: „Kaa! Es ist Kaa! Lauft! Lauft!“ Denn sie fürchteten niemanden so sehr wie die riesige Pythonschlange, von der die Eltern ihren Kindern seit jeher die schauerlichsten Geschichten erzählten. Und tatsächlich hatte kein Affe eine Umarmung Kaas jemals überlebt.

Nur wenige Augenblicke später war weit und breit kein Affe mehr zu sehen.

„Ssssss! Wo isssst dassss Menschenjunge?“, fragte Kaa.

„Hier unten!“, rief Mogli. „Ich komm nicht raus!“

Kaa suchte eine schwache Stelle in der Mauer. Dann schlug sie mit ihrem starken Kopf dagegen, bis sich ein paar Steine lösten und Mogli herauskrabbeln konnte.

„Bist du verletzt?“, fragte Balu und drückte ihn zärtlich.

„Mir tut alles weh und ich habe Hunger“, antwortete Mogli. Dann befreite er sich aus Balus Umarmung – und sah die blutenden Wunden seiner Freunde. „Ihr blutet ja!“

„Das ist nicht so schlimm“, brummte Balu. „Hauptsache, dir ist nichts passiert, mein kleiner Frosch.“

Mogli bedankte sich bei seinen Freunden, dass sie ihn aus den Klauen der Affen befreit hatten.

„Nicht bei uns, bei Kaa musst du dich bedanken“, sagte Baghira. „Sie hat dir das Leben gerettet.“

Mogli drehte sich um und sah den Kopf der mächtigen Pythonschlange hin- und herschwingen.

„Dasss issst also dasss Menschenkind", zischte Kaa. „Seine Haut isssst sehr weich und es schaut den Affen ähnlich. Passsss auf, Kleiner, dasssss ich dich in der Dämmerung nicht für einen Affen halte."

„Du und ich, ich und du, wir sind vom gleichen Blute", erwiderte Mogli. „Du hast mir das Leben gerettet. Wenn du hungrig bist, wird meine Beute in Zukunft auch deine Beute sein."

„Danke, kleiner Bruder", sagte Kaa. „Du hassst ein gutessss Herz und eine höfliche Zunge. Damit wirssst du essss im Dschungel noch weit bringen. Aber nun geh mit deinen Freunden und leg dich schlafen."

„Spring auf meinen Rücken, kleiner Bruder", schnurrte Baghira. „Wir wollen endlich nach Hause."

Mogli legte den Kopf auf Baghiras weichen Nacken und schlief bald so tief ein, dass er nicht einmal erwachte, als der Panther ihn in der Höhle neben Mutter Wolf sinken ließ.

6. Die rote Blume

Die Jahre vergingen und Mogli wuchs zu einem starken Jungen heran. Das Leben im Dschungel gefiel ihm sehr, er fürchtete sich vor nichts und niemandem. Mutter Wolf und Baghira ermahnten ihn zwar von Zeit zu Zeit, sich vor Shir Khan zu hüten, doch Mogli nahm das nicht so ernst.

Eines Tages sagte Baghira mal wieder zu Mogli, er dürfe nie vergessen, dass Shir Khan sein Feind sei.

Aber Mogli antwortete nur gelangweilt: „Shir Khan ist doch bloß ein Großmaul mit einem lahmen Bein und einem langen Schwanz …“

„Shir Khan ist gefährlich!“, fiel Baghira ihm da ins Wort.

„Aber ich habe das Rudel und dich und Balu“, erwiderte Mogli. „Er wird es nicht wagen, mich anzugreifen.“

„Noch nicht“, sagte Baghira.

„Was meinst du damit?“

„Du standest immer unter dem Schutz von Akela, doch der ist alt geworden und wird das Rudel bald nicht mehr führen“, begann Baghira.

„Shir Khan erzählt den jungen Wölfen seit Langem, dass ein Mensch nicht in ein Wolfsrudel gehört. Und immer mehr glauben ihm.“

„Aber sie sind meine Brüder“, sagte Mogli. „Warum sollten sie mich ausstoßen? Was haben sie gegen mich?“

„Sie hassen dich, weil du klüger bist als sie, weil du Dinge kannst, die sie nicht können, kurz: weil du ein Mensch bist“, antwortete Baghira.

Mogli schluckte. „Das wusste ich nicht“, murmelte er traurig. „Und was soll ich jetzt tun?“

„Du musst ins Tal zu den Hütten der Menschen laufen und die rote Blume holen.“ Mit der roten Blume meinte Baghira das Feuer, vor dem sich alle Tiere so sehr fürchteten wie vor nichts sonst.

„Die rote Blume habe ich in der Dämmerung vor den Hütten wachsen sehen“, sagte Mogli. „Ich werde sie mir holen, wenn ich sie brauche.“

Auf dem Weg zurück zur Höhle seiner Familie hörte er das Rudel jagen – und er hörte die jungen Wölfe heulen: „Akela hat den Hirsch verfehlt, er ist zu schwach, um unser Anführer zu sein!“

Da wusste Mogli, dass er keine Zeit mehr verlieren durfte, und rannte los.

Als er das Dorf erreichte, wurde es schon dunkel. Er schlich lautlos zu einer Hütte, schaute durchs Fenster und sah das Feuer auf dem Herd lodern. Ruhig und geduldig beobachtete Mogli, was die Menschen taten.

In der Nacht stand eine Frau auf und fütterte das Feuer mit kleinen schwarzen Stücken. Und im Morgengrauen erhob sich ein Junge vom Lager, nahm ein Gefäß und schaufelte rot glühende Holzkohle hinein. Damit trat er aus der Hütte und ging zum Stall. Mit ein paar Sprüngen war Mogli bei dem Jungen, riss ihm das Gefäß aus den Händen und verschwand damit flink im Nebel.

Unterwegs warf er kleine Holzstücke auf die Glut, so wie er es zuvor bei der Frau in der Hütte gesehen hatte.

Auf halber Höhe zwischen Dorf und Dschungel traf er Baghira.

„Akela hat die Beute verfehlt“, erzählte der Panther. „Sie hätten ihn schon getötet, aber sie wollen auch dich und haben nach dir gesucht.“

Mogli hielt ihm das Feuergefäß entgegen. „Ich habe die rote Blume geholt.“

Baghira wich zurück. „Das ist gut – aber hast du denn keine Angst davor?“

Mogli schüttelte den Kopf. „Sie kommt mir bekannt vor. Ich glaube, bevor ich ein Wolf wurde, lag ich in einer Hütte neben der roten Blume. Da war es angenehm warm.“

Am Abend trafen sich die Wölfe am Ratsfelsen. Akela lag neben seinem Felsblock, zum Zeichen dafür, dass er nicht länger der Anführer des Rudels war. Shir Khan hatte seine Anhänger um sich geschart – und begann zu sprechen.

„Er ist ein Tiger und hat kein Recht, hier zu reden“, flüsterte Baghira. „Sag ihm das!“

Mogli sprang auf. „Freies Volk der Wölfe!“, rief er. „Seit wann darf ein Tiger hier reden, als wäre er unser Anführer? Die Führung des Rudels …“

„Schweig, du Menschenjunges!“, schrien einige. „Du bist auch kein Wolf und hast uns nichts zu befehlen!“

Da hob Akela müde sein graues Haupt. „Freies Volk, Mogli hat mit uns gejagt, gegessen und geschlafen. Er ist unser Bruder und hat niemals ein Gesetz des Dschungels gebrochen.“

„Aber er ist ein Mensch!“, riefen die jungen Wölfe.

„Dann lasst ihn in sein Dorf zu den Menschen zurückkehren“, sagte Akela, „und erspart euch wenigstens die Schande, einen Bruder zu töten, der ohne Schuld ist.“

„Schluss mit dem Geschwätz!“, brüllte Shir Khan. „Meine Geduld ist zu Ende! Das Menschlein lebt schon viel zu lange. Es war meine Beute von Anfang an. Wenn ihr es jetzt laufen lasst, wird es die Menschen gegen uns aufhetzen. Das wollt ihr doch nicht, also überlasst es mir!“

„Jetzt ist es höchste Zeit für dich zu handeln“, forderte Baghira Mogli auf.

Mogli nickte. Er war wütend und traurig, weil er nun erfahren hatte, wie sehr viele Wölfe ihn hassten. „Hört mir zu!“, rief er. „Ich wäre gern mein Leben lang ein Wolf geblieben. Aber ihr habt mir heute so deutlich gesagt, ich sei ein Mensch, dass es wahr sein muss. Deshalb nenne ich euch nicht mehr meine Brüder, sondern sage Hunde zu euch, so wie die Menschen. Was ihr mit mir tun oder nicht tun wollt, das habt nicht ihr zu entscheiden – das bestimme ganz allein ich. Und damit das ganz klar wird, habe ich, der

Mensch, die rote Blume dabei, vor der ihr Hunde euch so fürchtet!“ Mit diesen Worten warf er den Feuertopf zu Boden. Glühende Kohlen rollten heraus und entzündeten trockenes Moos, das aufflammte.

Die Wölfe jaulten und wichen ängstlich zurück.

Mogli hielt einen Ast ins Feuer, bis die Zweige brannten. Dann schwang er ihn über den Kopf und sprang zwischen die kauernden Wölfe. „Ich

will gnädiger sein als ihr und verspreche euch: Als Mensch unter Menschen werde ich euch niemals an die Menschen verraten, wie ihr mich verraten habt. Aber bevor ich gehe, habe ich noch eine Schuld zu begleichen." Er wandte sich zu Shir Khan, der wie benommen in die Flamme starrte. „Steh auf, du Hund, wenn ein Mensch mit dir spricht!", schrie Mogli den Tiger an und schlug ihm den brennenden Ast um die Ohren.

Shir Khan winselte und heulte vor Angst.

„Nun verschwinde, du versengte Dschungelkatze!", rief Mogli. „Aber merke dir: Wenn ich das nächste Mal zum Ratsfelsen komme, dann nur mit deinem Fell um die Schultern. Und euch anderen sage ich: Akela ist frei und kann leben, wie es ihm gefällt. Ihr werdet ihn nicht töten, weil ich es nicht will. Und nun fort mit euch allen!" Mogli schwang den brennenden Ast nach rechts und links, sodass die Wölfe heulend davonrannten.

Zuletzt waren nur noch Moglis Wolfsfamilie, Akela, Baghira und ein paar wenige Freunde auf dem Platz.

Moglis Herz wurde schwer. „Ich möchte den Dschungel und euch nicht verlassen", schluchzte er. „Aber ich muss." Tränen stiegen ihm in die Augen. Zum ersten Mal in seinem Leben weinte das Menschenkind.

7. Im Dorf der Menschen

Am nächsten Morgen verabschiedete sich Mogli von allen und machte sich allein auf den Weg zu den Wesen, die den Tieren des Dschungels – aber auch Mogli selbst – so rätselhaft erschienen: Menschen.

Nach vielen Stunden erreichte er ein Dorf, das er noch nie gesehen hatte. Er setzte sich neben das Tor und schaute zu den Kindern hinüber, die auf der Weide Kühe hüteten. Es dauerte nicht lange, da standen mindestens hundert Menschen um ihn herum und gafften ihn an.

„Kein Grund, sich zu fürchten“, sagte der Priester. „Seht die Narben an seinen Armen und Beinen. Die stammen von Bissen. Ich vermute, er ist bei Wölfen aufgewachsen und nun aus dem Dschungel zu uns gekommen.“

Die Menschen redeten laut und aufgeregt durcheinander.

„Es ist ein hübscher Junge“, bemerkte eine Frau. „Er hat Augen wie glühendes Feuer. Wahrhaftig, Messua, er sieht deinem Sohn ähnlich, den der Tiger damals geholt hat.“

„Lasst mich sehen!“ Eine Frau mit schweren Kupferringen an Armen und Fußgelenken drängte sich vor und betrachtete Mogli aufmerksam. „Hm“, machte sie. „Ich bin nicht sicher, aber im Gesicht sieht er ihm wirklich ähnlich.“

Der Priester sprach mit feierlicher Stimme: „Was der Dschungel genommen hat, gibt er nun wieder zurück. Nimm den Knaben mit, Messua, und gib ihm ein Zuhause.“

Mogli verstand von alldem kein Wort. Aber das Verhalten der Menschen kam ihm so vor wie eine Aufnahme in ihr Rudel.

Messua führte Mogli in ihre Hütte. Dort sah er viele für ihn merkwürdige Gegenstände: ein rotes Bettgestell, große Tongefäße, kupferne Kochtöpfe, das Bild eines Hindugottes und einen Spiegel, in dem er sich selbst viel klarer sehen konnte als im Wasser eines Teiches.

Messua redete leise mit ihm und gab ihm Milch und Brot. Während er aß und trank, strich sie ihm zärtlich über den Kopf und suchte nach einem Zeichen, ob er wirklich ihr Sohn war. „Nathu, oh Nathu“, flüsterte sie.

Mogli zeigte keine Reaktion, nichts deutete darauf hin, dass er den Namen kannte. Er fühlte sich unbehaglich, denn er war noch nie zuvor unter einem Dach gewesen.

„Was nützt es mir, ein Mensch zu sein, wenn ich die Menschensprache nicht verstehe?“, sagte er sich. „Ich bin hier so dumm, wie es ein Mensch unter den Völkern des Dschungels wäre. Ich muss ihre Sprache lernen!“

Und genauso wie er bei seinen Wolfseltern und bei Balu alles wiederholt und nachgeahmt hatte, machte er es auch jetzt: Wenn Messua ein Wort sagte, sprach Mogli es nach. Am Abend hatte er schon die Namen von vielen Dingen in der Hütte gelernt.

Aber als es Zeit zum Schlafen wurde und Messua ihn zu Bett bringen wollte, riss sich Mogli los und sprang zum Fenster hinaus.

„Lass ihn“, sagte Messuas Mann. „Du darfst nicht vergessen, dass er noch nie in einem Bett geschlafen hat. Wenn er wirklich unser Sohn ist, dann wird er auch nicht fortlaufen.“

Draußen legte Mogli sich ins hohe, weiche Gras am Rand des Feldes und schloss die Augen.

In den folgenden drei Monaten lernte Mogli die Sitten und Gebräuche der Menschen. Als Erstes musste er sich daran gewöhnen, Kleidung zu tragen, was ihm unangenehm war. Dann musste er den Umgang mit Geld lernen, den er nicht begriff. Auch dass man mit einem Pflug die Erde aufreißen und dann Samen hineinlegen sollte, sah er nicht ein. Er fragte sich, warum sich die Menschen mit alldem so plagten und mühten. Mogli war auch sonst mit manchem nicht einverstanden und sagte das den Erwachsenen.

„So geht das nicht weiter!“, entschied der Dorfälteste. „Der Junge braucht eine Aufgabe, damit ihm die Flausen vergehen! Ab morgen wird er die Büffelherde hüten!“

Mogli freute sich über diese Arbeit, denn er war lieber bei Tieren als bei Menschen.

Am nächsten Morgen ritt Mogli bei Sonnenaufgang auf dem Rücken Ramas, dem Leitbullen der Büffel, durchs Dorf und hinaus zu den Weideplätzen. Den anderen Hirtenjungen machte er schnell klar, dass er nun der Oberhirte war und sich um die Büffel kümmerte. Sie sollten bei den Kühen bleiben, während er allein mit den Büffeln weiterzog.

8. Tiger! Tiger!

Eines Tages trieb Mogli die Herde bis an den Rand des Dschungels. Dort wartete schon Grauer Bruder auf ihn. Mogli freute sich sehr, seinen Wolfsbruder wiederzusehen, doch dieser hatte schlechte Nachrichten: „Shir Khan hat sich lange versteckt, um dich in Sicherheit zu wiegen. Aber jetzt ist er da. Von Tabaki weiß ich, dass er dir heute Abend am Dorftor auflauern will."

„Hat er heute schon gefressen?", fragte Mogli, der wusste, dass ein hungriger Tiger viel gefährlicher war als ein satter.

„In der Morgendämmerung hat er ein Schwein gerissen und getrunken hat er auch", antwortete Grauer Bruder. „Nun liegt er unten am Waingangafluss und wartet, bis es dunkel wird."

Mogli lachte. „Glaubt der vollgefressene Dummkopf, ich werde warten, bis er ausgeschlafen hat?"

„Was willst du tun?"

Mogli überlegte laut: „Ich könnte ihn mit meinen Büffeln in der Waingangaschlucht angreifen. Aber damit er nicht fliehen kann, müssten wir die Herde teilen, um ihm den Fluchtweg abzuschneiden. Kannst du mir dabei helfen, Grauer Bruder?“

„Ich allein wohl kaum, aber ich habe einen klugen Helfer mitgebracht.“ Der Wolf verschwand kurz im Gebüsch und kam mit einem zweiten Wolf zurück.

„Akela!“, jubelte Mogli und klatschte in die Hände. „Ich hätte mir denken können, dass du mich nicht vergisst.“ Er erzählte dem alten Wolf von seinem Plan und fragte: „Könnt ihr zwei mir helfen?“

Akela nickte und die beiden Wölfe liefen los. Sie drängten sich zwischen die schnaubenden, stampfenden Tiere und teilten die Herde in zwei Gruppen.

Mogli sprang auf Ramas Rücken. Mit Akelas Hilfe trieb er seine Hälfte der Herde in einem großen Bogen den Berg hinauf zur Schlucht. Grauer Bruder jagte die andere Hälfte zum unteren Ausgang der Schlucht.

Oben angekommen rief Mogli: „He, Shir Khan, komm heraus!“ Der Ruf schallte die Felswände entlang wie durch einen Tunnel und wurde durch das Echo vervielfacht.

Nach einer Weile war das schläfrige Knurren eines vollgefressenen Tigers zu hören. „Wer ruft da?“, fragte Shir Khan gereizt.

„Ich bin es, Mogli. Die Zeit der Abrechnung ist gekommen, du elender Viehdieb!“

Als Antwort dröhnte ein wütendes Brüllen durch die Schlucht.

„Los, Rama, lauf!“, spornte Mogli den Leitbüffel an und trat ihm mit den Fersen kräftig in die Seiten.

Die Herde kam in Bewegung, doch vor dem steilen Hang zögerten die vorderen Tiere. Da stieß Akela den heulenden Jagdruf aus und die hinteren Tiere drängten vorwärts. Nun gab es kein Halten mehr. Wie ein reißender Fluss brausten sie die Schlucht hinunter.

Shir Khan hörte das Donnern ihrer Hufe. Er wusste, dass er gegen eine wütende Büffelherde keine Chance hatte, und suchte nach einem Fluchtweg. Die Felswände waren zu steil. Also

lief er, so schnell es sein voller Bauch erlaubte, zum unteren Ausgang der Schlucht. Von dort kam aber schon die zweite Hälfte der Herde herangestürmt. Da erkannte Shir Khan, dass er in eine Falle geraten war, aus der es kein Entkommen gab. Er richtete sich auf, fletschte die Zähne und brüllte noch einmal, bevor die Büffel über ihn hinwegstürmten.

Mogli schaffte es mit der Hilfe von Akela und Grauer Bruder, die Herde aus der Schlucht und auf die Weide zu treiben, wo sie sich wieder beruhigte. Dann lief Mogli mit den Wölfen zurück in die Schlucht, um nach Shir Khan zu sehen. Er war tot und die Geier kreisten schon über ihm.

„Brüder, so starb ein Hund", sagte Mogli und griff nach dem Messer, das er immer bei sich trug, seitdem er bei den Menschen lebte. „Sein Fell wird den Ratsfelsen schmücken." Mogli machte sich sofort an die Arbeit.

Plötzlich sprangen die Wölfe hinter ein Gebüsch, denn sie sahen einen Mann in die Schlucht kommen. Es war Buldeo, der Jäger. „Was tust du denn da?", fragte er. „Ein Junge wie du kann doch keinen Tiger häuten. Und sowieso ist das mein

Tiger, hinter dem bin ich schon lange her“, behauptete er. „Auf seinen Kopf sind hundert Rupien ausgesetzt, die hole ich mir. Vielleicht gebe ich dir dann sogar eine Rupie von meiner Belohnung ab.“

„Nein, nein, alter Mann, so machen wir das nicht“, erwiderte Mogli ruhig, während er das Fell einer Vordertatze aufschlitzte. „Ich brauche das Fell selbst.“

„Wie kannst du es wagen, so mit dem obersten Jäger des Dorfes zu sprechen? Nur Glück und die Dummheit der Büffel haben dir zu dieser Beute verholfen. Du bekommst keine Belohnung von mir, sondern eine Tracht Prügel!“

„Akela!“, rief Mogli. „Der Mann ist mir lästig.“

Sekunden später lag Buldeo auf dem Boden und ein Wolf stand über ihm.

Mogli fuhr mit dem Häuten fort und sagte nebenbei zu Buldeo: „Weißt du, zwischen mir und dem Tiger gab es einen alten Streit – und nun habe ich gewonnen.“

Buldeo konnte nicht fassen, was er eben erlebt hatte: ein Junge, der mit einem menschenfressenden Tiger einen Streit austrug und einem Wolf Befehle erteilte! Das war Zauberei der schlimmsten Art. Buldeo rührte sich nicht und erwartete jeden Augenblick, dass sich Mogli in einen Tiger oder ein anderes bedrohliches Wesen verwandelte.

„Großer König", flüsterte er schließlich mit heiserer Stimme. „Ich bin ein alter Mann und konnte ja nicht ahnen, dass du mehr bist als ein Hirtenjunge. Darf ich aufstehen und gehen oder wird mich dein Diener in Stücke reißen?"

„Geh in Frieden. Aber mische dich nicht mehr in meine Angelegenheiten ein", antwortete Mogli. „Lass ihn laufen, Akela!"

Buldeo humpelte ins Dorf zurück, so schnell er konnte. Dort erzählte er eine Geschichte von magischen Kräften und Zauberei, die den Priester sehr ernst werden ließ.

Inzwischen hatte Mogli die Haut des Tigers abgezogen und versteckte sie. Dann sammelte er mithilfe der Wölfe die Büffel ein und führte die Herde im nebligen Dämmerlicht zum Dorf.

Vor dem Tor wurde er mit einem Steinhagel und lautem Schimpfen empfangen: „Zauberer!“ – „Wolfsbrut!“ – „Dschungelteufel!“ – „Verschwinde von hier!“ – „Schieß, Buldeo! Schieß!“

Ein Schuss krachte, doch die Kugel traf nicht Mogli, sondern einen Büffel.

„Noch mehr Zauberei!“, schrien die wütenden Dorfbewohner. „Er kann die Kugeln ablenken!“

„Was hat das alles zu bedeuten?“, fragte Mogli verwirrt.

„Deine Menschenbrüder gleichen dem Wolfsrudel“, meinte Akela. „Auch sie wollen dich anscheinend ausstoßen.“

„Schon wieder?“, murmelte Mogli. „Das letzte Mal, weil ich ein Mensch war, und diesmal, weil ich ein Wolf bin.“ Er schüttelte den Kopf. „Lass uns gehen, Akela.“

Da stürzte eine Frau aus der Menge, lief Mogli entgegen und rief: „Ach, mein Sohn, mein Sohn! Sie sagen, du seist ein Zauberer, der sich in ein wildes Tier verwandeln kann. Ich glaube es nicht, aber du musst fortgehen, sonst werden sie dich töten.“

„Geh zurück, Messua!“, sagte Mogli. „Ich bin kein Zauberer, das ist dummes Geschwätz. Dir danke ich für alles, denn du warst immer freundlich zu mir. Leb wohl!“

Er wandte sich um und ging mit Akela und Grauer Bruder davon. Als er zu den Sternen aufblickte, fühlte er sich frei und glücklich. „Nun muss ich nie mehr in ihren Hütten schlafen! Kommt, wir holen Shir Khans Fell und gehen nach Hause.“

9. Wieder zu Hause

Der Mond ging gerade unter, als Mogli und seine Freunde die Wolfshöhle erreichten.

„Die Menschen haben mich aus ihrem Rudel verstoßen, Mutter!“, rief Mogli. „Aber ich habe mein Wort gehalten und bringe euch das Fell von Shir Khan!“

Mutter Wolf kam etwas steifbeinig aus der Höhle. Als sie das Tigerfell sah, leuchteten ihre Augen. „Ich hab’s gewusst! Schon an dem Tag, an dem Shir Khan auf der Jagd nach dir seinen Kopf in unsere Höhle zwängte, hab ich’s ihm vorausgesagt: Eines Tages wird der Jäger der Gejagte sein. Das hast du gut gemacht, mein kleiner Frosch!“

„Alle Achtung, kleiner Bruder!“, schnurrte eine tiefe Stimme im Dickicht. „Ohne dich haben wir uns im Dschungel ziemlich einsam gefühlt.“ Mit diesen Worten kam Baghira herbeigelaufen und schmiegte sich an Moglis Beine.

Nachdem sich alle begrüßt hatten, gingen sie gemeinsam zum Ratsfelsen. Dort breitete Mogli das Tigerfell aus.

Akela legte sich darauf und rief die Wölfe zusammen. Obwohl sie seit seinem Sturz keinen Anführer mehr hatten, folgten sie aus alter Gewohnheit dem Ruf. Einige hinkten, andere waren abgemagert und verwahrlost.

„Schaut her, ihr Wölfe!“, rief Mogli. „Habe ich mein Wort gehalten?“

„Ja! Ja!“, jaulten die Wölfe.

Und einer, dessen Fell arg zerzaust war, heulte: „Sei wie früher unser Anführer, Akela! Und du, Mogli, steh auch du uns wieder bei, denn wir sind es satt, ohne Gesetze zu leben.“

„Nein!“, brummte Baghira. „Daraus wird nichts. Jetzt geht's euch schlecht und ihr ruft nach einem Anführer. Aber wenn ihr vollgefressen seid, ändert ihr eure Meinung vielleicht wieder. Ihr wolltet eure Freiheit, nun habt ihr sie und müsst damit leben.“

„Die Menschen und die Wölfe haben mich verstoßen“, sagte Mogli. „Deshalb werde ich von nun an ohne Rudel im Dschungel jagen.“

„Und wir jagen mit dir!“, riefen seine Brüder und seine Freunde.

Gemeinsam mit ihnen lebte Mogli von diesem Tag an im Dschungel.